# 당신만 모르고 다 아는 이야기

주일례 시집

문학의전당 시인선

353

# 당신만 모르고 다 아는 이야기

주일례 시집

문학의전당

## 시인의 말

내가 알고 있는 한
세상에는 두 종류의 옷이 존재한다.

벗을 수 있는 옷과
쉽게 벗을 수 없는 옷

내가 지금까지
당신에게 사과하지 못한 이유다.

2022년 10월
주일례

# 차례

## 제2부

## 제3부

## 제4부

# 제1부

# 눈 오는 밤

잠 못 들고 뒤척이는 까닭이야
펑펑 쏟아지는 저 함박눈에게 물어봐라

답이 없다고 한들
답이 있다고 한들

심장에 깃든 고요만큼 무거우랴

# 대못

화가 나면 생각이 이성을 잃지
입에서 나온 말을 자제할 수 없지

사람 냄새 없다는 소리
돈 냄새만 난다는 소리

상상하지 못한 말이고
전혀 예측하지 못한 일이지

그날 이후 내 몸에 박혀
점점 옹이가 되어갔지

## 뒷모습에도 풍경이 있었다

평소 그는 성깔이 고약하고 욕을 많이 하는 사람이다.
가까이 오는 사람이나 자식까지 매몰차게 내치는 사람이다.
그 사람이 가고 난 후 옷장 정리를 했다.
한 번도 입어보지 못한 옷이다.
상표가 그대로 붙은 옷이다.
아들이 아버지 요양원에 모시며 사준 옷이다.
그 주머니 안에 아버지 쓰라고 챙겨 넣은 새 돈이 있었다.
조폐공사 냄새가 아직까지 나는 새 돈이다.

# 문

그녀는 온다는 말도 간다는 말도 없이 가버렸네
그날, 그녀가 열고 사라진 문을 보지 못하고 와버렸네

그날일 줄 모르고
그 문일 줄 모르고
집에 와서야 깨달았네

그 문이고
그날이었다는 것을

# 고백

그대가 처음부터 애틋한 사람이 아니었다
마주 보고 같은 곳을 봐도 감정 소요가 전혀 없는 사람이었다

가슴이 으깨지도록 슬픈 날
혼자서 쏟아지는 비를 맞고 서 있는 줄 몰랐다
우산도 없이 그 밤 그 새벽으로 가던 쓸쓸한 뒷모습을 모르고 있었다

# 밥

그이는 군대 생활 얘기를 자주 하곤 했다
한 수저라도 더 많이 먹으려고 급하게 삼키던 밥 얘기다
그녀에게도 그이와 같은 습관이 있었다
평생 남의 머리 만져 새끼들 키웠던 습관이다
치매라도 고칠 수 없는 습관이다
손님 놓칠까 봐 물처럼 삼키던 밥이다
그녀가 이 세상 왔다 간 흔적이고
날마다 최선을 다한 네게 남긴 흔적이다
그녀가 사랑했던 사람들은 몰랐다
평생 그녀가 먹던 밥을 모르고 있었다
지금까지 손님을 기다리는 외로운 사람을

# 나뭇잎은 밟지 않아도 소리가 난다

예전에 보지 못한 세상을 본다
시뻘건 너로 인하여 아득했던 흔적이 예쁘고
이토록 가슴이 저미는 그리움
너는 저 별이고 억새이며 바람이다

사람이 지나가는 순간을 알 수 있다면 좋겠다
소중한 사람이 너임을 알고 표현하는 순간을 놓치지 않았으면 좋겠다
언제나 너를 보고 있는 것처럼
네 안 가득 나라는 사람이 살았으면 좋겠다

네가 가을이구나 느끼는 순간
우리 삶이 제대로 보였으면 좋겠고
가을이 우리를 지나가는 동안
삶이 우리를 안고 이렇게 썼으면 좋겠다

# 무게

나이가 먹을수록 저 잎새의 흔들림도 무게고
어린아이 웃음이 햇살처럼 예쁘고 눈부신 것도 무게다
시간 가는 것이 예사롭지 않은 것도 무게고
무게에서 느껴지는 모든 것이 무게고 상실감이다

그녀가 나를 쳐다보는 시선이 왜 집에 와서도 생각나는지 묻는다
인생이 구질구질하고 소중한 게 하나도 없다고 느꼈던 시절
돌아갈 수 없는 공간과 꿈처럼 아득한 저 세상의 일상

무게를 생각한다

# 협탁

이사 할 때마다 낡은 것은 가라 했지
쓰임이 끝났거나 아직 끝나지 않은 것도 가라 했지
최대한 몸집을 작게 하려고 가라 했지
갈 수 있는 것은 가라 했지
자유가 쓸쓸해 보이는 순간이었지
오랫동안 함께하고도 살아남지 못했지
협탁이라고 예외일 수 없었지
처음 내게로 왔을 때 그 느낌을 알았지
내가 애틋하게 바라보던 그 시선은 이제 없지
너는 언제나 그 자리에서 나를 볼 수 없지
네 몸 구석구석 내 손길이 닿지 않은 곳이 없지
우리가 마주할 때 쏟아지던 행복은 없지
서산으로 바람이 지나가면 그리울지 모르지
꽃잎이 피어나는 눈부신 봄에는 잊고
달밤에 혼자인 순간 생각나는 게 너일 수도

사랑은 그런 거라고

# 그리움

귀뚜라미 고요히 우는 밤에
가슴으로도 지나가는 바람을 볼 수 있네

그리움이 사는 동안
생각은 단풍처럼 일고

별을 세고도 세지 못한
별들만 무수히 많은 저 하늘

## 당신만 모르고 다 아는 이야기

사람 관계 쉬운 게 아니지
듣기 싫은 말과 하기 싫은 말을 할 때가 있지

가끔은 내가 알지 못한 내 얘기들
모두가 알고 당신만 모르는 당신 얘기들

가볍게 시작한 얘기가
절대 가벼울 수 없는 이유

# 그대에게 하고 싶은 말

이곳에서 저곳으로
다시 저곳에서 이곳으로 이동하려면

생각이 먼저여야 하고 행동이 뒤따라야 가능한 일
머리와 육체 어느 곳이라도 고장이 나면
상상하지 못한 세상을 만나지

시간은 걸어 가는 게 많고
허리와 관절에 다녀간 흔적으로
조금만 걸어도 중심을 잡지 못하거나 휘청거리지

두 발로 걷던 사람이
휠체어로 세상을 걷는다면
하늘이 개벽하고 무너지는 심정

할 수 있을 때 무엇이라도 하는 게 좋다

# 용기

길에서 길을 논해봤자 길이고
인생에서 인생을 논해봤자 인생일 뿐이다

실수는 실수일 뿐이고
네 탓도 내 탓도 아니다

오래 머물지 마라,
앞으로 가지 못할 이유가 없다

그저 네게 바라는 건
같은 실수를 하지 말라는 거

# 그래도 살아야 하는 이유

그 사람 술잔이 아프다
시커멓게 타들어 간 술잔이다

사는 게 고단하다고
도저히 숨을 쉴 수 없을 것 같다고
끝내 테이블에 얼굴 박아놓은
서러운 술잔이다

문자 한 통

아빠, 빨리 와!

# 운명

바람이 불어오는데 저 나무 피해갈 수 없다
나무가 왜 그곳에 있는지 하느님께 물어볼 수도 없다

견뎌내는 것은
나무만 할 수 있고

바람은 그냥 지나갈 뿐이다

## 그녀에게 하고 싶은 말

사시사철 어떤 풍경이든 직장을 쉰 적이 없다
한결같이 한길만 걸어 악착같이 번 돈이다
미련하게 좋은 시절 구두쇠로 살아 모은 돈이다
그 돈이 가버리고 허망하게 가버리고
어떻게 번 돈인데 생각할수록 화가 치밀어 죽고 싶지
아마 절망이란 것이 있다면 이런 모습이겠지
자다가도 벌떡 일어나 울컥한 심사이겠지
긴 터널에 갇혀 있는 기분이고
도무지 해결의 실마리가 보이지 않아 답답하고
혼자 일어설 수 없는 처지가 한없이 서러울 뿐이다
사람이 무너지면 보이는 건 하나지
오직 잃은 것 외 보이지 않아 모르고
옆에 누가 있는지 보지도 않은 그 마음도
언제 그랬냐는 듯 모두 지나고 보면 그때 그 시절 얘기다

지나간다

# 거리

비가 오는 날 그대 생각을 읽고 싶었지
두 팔 벌려 가슴으로 달려가 정확하게 읽고 싶었지

등을 보이고 서 있는 이유
그게 무엇이라도 괜찮은 이유

나는 한 사람의 전부이지 못했지
그저 일부에 지나지 않아 서러웠을 뿐이지

그도 내 생각을 읽지 못했지
아직도 그 자리에 서 있을 뿐

# 착각

부모 생일이라고 자식들이 우르르 몰려왔지.

짧은 안부는 잠깐이고 부모가 아직 나눠주지 못한 땅 얘기뿐이다.

어떤 자식은 여러 각도에서 사진을 찍고 있다.

부모가 치매라고 아무것도 모를 거라는 생각을 했다.

밤에 그녀가 울었다.

# 무릎으로부터의 연락

무릎으로부터 연락이 왔네
어느 날 갑자기 예고도 없이

거친 숨소리와
지친 표정으로 왔네

서러운 얘기와
살아온 얘기도 함께 왔네

한번만 봐달라고
제발 한번만 봐달라고

가슴에서 쿵
내려앉고 말았네

바보같이 물었네,
언제부터 문 앞에 서 있었냐고

# 풀벌레처럼 운다

언제 어느 때 있었던가
눈이 멀고 귀가 멀어 황홀했던 순간

심장이 쿵쾅쿵쾅
눈빛이 짜릿짜릿

가을에는 돌아보지
그때 그 허공에 깃든 사람

# 제2부

# 못

한 번도 누가 산 적이 없는 새집
사람 손이 닿지 않은 새집은 희고 투명했다
이제 막 돋아나는 새순 같고
첫 느낌 그대로 간직하고 싶은 소중한 집
살면서 못 하나 박지 않은
오직 나만 살 수 있는 새집
누가 봐도 희고 깨끗한 집이다
나는 그런 집에 산다고 믿고
확신에 가까운 믿음이 분명했고
그런 네게 나는 아프게 박히는 못
내가 꿈에서도 상상하지 못한 못이다
도무지 이해할 수 없는 네 항변을 생각한다

나는 집인데 너는 못이다

## 여름 이야기

햇볕이 뜨겁게 쏟아지고 있다
산천 어디라도 피해갈 수 없는 저 뜨거움을 어쩌랴!
상수리 가지가 풍성한 그늘에 앉아
매미가 보내오는 여름을 읽어보고 싶네
바람이 물고 오는 시원한 냇가
알알이 여물어 가는 네 입술 같은 풋과일
방에 갖다 놓고 싶은 저 푸른 바다
창가에 시원하게 걸어놓고 싶은 푸른 숲

## 갯벌

분명하게 게들의 땅
게들의 나라고 게들의 집
허락받지 않은 손님
무지막지한 사람
평화를 깨고
행복을 흔들며
이 구멍 저 구멍
숨통 조여 오는 소리
필사적으로 살고자 한다
이 악물고 살고자 발버둥
허나 인정사정이 없는 사람
살고자 허리가 게보다 더 휘어진 사람
세상이 박아놓은 대못을 갯벌에 박고 있는 사람

# 등

등에 촉촉한 바디로션을 바를 수 없다
거울을 등에 갖다 놓고 봐도
시원하게 볼 수도 긁을 수도 없는 우주
사람들은 자기 몸에 우주가 있다는 것을 모르지
금성과 토성 저 무수히 많은 혹성처럼
눈으로만 보고 손으로 만질 수 없는 우주가
바로 신비스런 몸 어딘가에 존재하는 것을 모르고
늘 멀리에 있는 사람을 찾고
네가 바로 그 사람임을 모르고
가장 소중한 사람이 바로 너이고
평생 가도 볼 수 없는 등 같은 우주라는 것을 잊고
그냥 흘려보내고 마는 억만년 인연

## 눈 쌓인 아침

함박눈이 지붕을 덮고 있는 아침
가슴이 무덤덤하고 아무 느낌이 없다는 건 슬픈 일이야
나이가 깃든 것처럼
시뻘건 시절 다 지난 것처럼
감성의 풍년 다 떨어진 어느 늦가을같이
서럽고 슬픈 일이야

뒤로 걸어보자

소녀처럼

# 길

너는 나 아니면 아무도 지나갈 수 없고
나 또한 너 아니면 아무도 지나갈 수 없는 길이지

세상 모든 길은 그 하나로 통했다

# 꿈

그곳에 가려고 너는 많이도 넘어졌구나
나는 오뚝이처럼 일어나는 네가 바보라 생각했지
밥알 세겠다 덤벼드는 미친 짓이라 여겼지
세상이 그리 만만한 것도 아니고
꿈이 아무나 이룰 수 있는 건 더더욱 아니지
부질없는 열정만 인정한다고 했다
이제 그만해도 된다고 했지
나는 네가 끝까지 할 줄 몰랐지
그 많은 땀방울과 서러움을 이겨낼 줄 몰랐지
이젠 알겠더라
정작 바보고 어리석은 사람
너무 늦게서야 비로소 깨달았지

내가 갖지 못한 거

## 외로운 사람

그녀가 뱉은 건 가시였다
아프다는 것을 감히 그녀는 상상도 하지 못했지
아무도 그녀에게 말해주지 않았지

가시가 있다고

# 너는 왜 낙엽이냐고

만나자고 몇 번이나 전화를 하고 문자를 줬던 친구

근무표와 시간이 맞지 않아 약속을 미루다 오늘 우연히 만났지.

커피를 마시며 창밖에 떨어지던 낙엽을 보며

한참이나 수다를 떨던 친구가 대뜸 물었지.

도대체 무슨 일을 하기에 그리 바쁘냐고

아주 잠깐 망설이다 요양원 얘기를 했지.

그 친구 놀라 한참이나 쳐다보더니 왜 그런 일을 하냐고 물었지.

언젠가 내가 누군가에게 왜 그런 일을 하냐고 묻던 속내와 같은 질문이었지.

집으로 오던 길에 벌써 저무는 해와 만났고

나무들 사이로 쓸쓸하게 저무는 가을과 만났지.

그러다 발밑에 나뒹구는 시뻘건 저 낙엽을 보고 놀랐지.

# 세월

고단하고 힘들어서 그랬지
너무 아프고 서러워서 그랬지
어서어서 가라고
너를 이기는 장사 없다고
그 누구도 네 앞에
멈춘 사람 없다고
그 산 넘어가며 신세타령
꾸역꾸역 밥 삼키며 소리쳤지
근데 거짓말같이 가더라
간 줄도 모르게 가더라
어느 날 보니 내게 와 있더라

## 어느 날 아침

거울을 보니 낯선 여자다
내게서 나이 냄새가 자욱했다

너는 누구이고
나는 누구인지

우리가 같은 사람이라도
전혀 다른 사람처럼 마주 보고 서 있다

사랑은 했어도
만지지 못한 것처럼

낭만을 얘기하고
낭만을 모르는 사람처럼

# 치매

매번 그님이 오는 건 아니다
어쩌다 한 번씩 그 님이 올 때가 있었지

"아저씨 우리 아들한테 말 좀 해줘! 엄마 여깄다고! 우리 아들 이름이 이 아무개야. 저 모퉁이 돌아가면 있어."

울컥한 것이 꿈틀거리고
참을 수 없을 정도로 꿈틀거리고

그녀는 모르고 있었다
그 님이 와서 서러운 아들

# 뒷모습이 아름다운 가을

샛노란 은행잎이 거리에 지천이다
얼마 전까지 나무에 살던 풍성한 잎들이고 생이다
햇살에 눈부셨던 몸짓이다

사색이 짙어지고
사람이 그리운 순간

볼수록 잎이 고와 울컥 하고
뒷모습이 눈부시게 아름다워 더 울컥 한다

그래서 더 빤히 보고 있었다

## 봄

그녀같이 예쁘고 고운 꽃 다 졌습니다.

반나절 사랑이 어디 다녀오는 것처럼 가슴에 깃드는 허전한 빛깔입니다.

그런데 찬찬히 살펴보니 꽃잎 지고 난 자리에 연두색이 곱습니다.

그녀 눈빛같이 초롱초롱합니다.

빛이 납니다.

# 네가 보고 싶다

꽃병에  있는 꽃만 보던 나이가 있었지
예쁘고 향기로워 그 빛깔만 얘기하던 시절이 있었지

꽃이
꽃을 떠나
꽃으로 사는 게

얼마나 아프고 서러운지 모르고 있었지

# 생각이 아플수록 당신이 그립다

생각이 독해서 행동도 독한 사람을 보면 거리를 두고 싶다.

그 거리 안에 침묵이란 놈을 상주시켜 마음 한 조각 놓지 않은 사람이고 싶다.

그런데 살아보니 이 복잡한 세상이 유혹이다.

나도 모르게 생각이 독하고 행동이 누군가에 심장을 겨눠

바람 따라 돌고 돌아 내게로 오는 순간, 나는 만신창이 흔적을 끌어안는다.

그리고 생각하기를 다시는 이 쓸쓸한 강가로 오지 말자!

무슨 일이 있어도 오지 말자 다짐하는데 모를 일이다.

인생이란 놈이 언제 어느 때 나를 불러 세워

겨울 한파처럼 서러운 생각을 던져주고

혼자가 아닌데도 혼자인 것처럼

적막하고 습한 기운이 깃들어 그리운 사람

아, 사무치게 그리운 사람이 더 그리워지도록 흔들겠지.

그리고 돌아가고 싶을 것이다.

당신이 내게 했던 따뜻한 말들 속으로

언제나 내가 아프면, 당신이 아프다는 그 생각 안으로

## 비만 오는 하늘은 없잖아!

인생이 불행하다고 생각하면 불행한 거야
눈에 보이고 담는 게 온통 어둡고 습한 빛깔이지
허나 꽃이 눈부시게 피는 봄도 있었고
격하게 사랑하며 행복하다고 여겼잖아
그 순간들이 거짓말같이 사라지고
불행만 크게 보이는 건 네가 슬프기 때문이야

하늘을 봐

# 무

시장에서 가을 냄새가 깃든 무를 샀다.
겉만 봐도 안이 단풍처럼 시뻘겋게 익었을 무였다.
집으로 와서 깨끗이 씻어 칼로 자르는 순간
겉과 너무도 다르게 뻣뻣한 느낌과 속살에 깃든 검은 줄

낭패다, 먹을 수도 없고 버릴 수도 없는,
어쩌다 너는 가슴에 그토록 깊게
밖으로 꺼낼 수 없는 서러운 얘기로 살았는지.

# 가을에 만나는 사람

바람에 흔들리는 억새를 봤을 뿐인데
살을 저미는 외로움으로 하얗게 익어가는 저녁

누군가 저 아득한 곳에서
고독한 풍경 하나로 건너오는 소리

이 가을 너를 지나지 않고
결코 만날 수 없는 서러운 심장이 있다

## 사랑

네 생각을 하고 있는데
누군가 먼저 네게 고백한 것처럼
가끔은 생각이 길면
전혀 원하지 않은 방향으로
길이 생길 때가 있다

# 제3부

# 우리

너에게 느끼는 아픔을
모두 조용히 거두고 지나간다

내 등 오랜 그림자까지
모두 조용히 거두고 지나간다

우리 어디서든
바람으로도 만나지 말고

펜 끝에 살아나는
미운 그리움이지 말고

어느 공간이라도
의미 있는 그 무엇이지 말자

## 사랑할 때는 그랬다

나는 바다를 보고 있었다
그가 잔잔한 바다에 고래처럼 왔다

나는 산을 보고 있었다
그가 불타는 가을 산처럼 왔다

나는 또 강을 보고 있었다
그가 반짝이는 강물을 가지고 왔다

그는 어디서라도 왔고
나는 어디서라도 그를 봤다

## 흔적

누군가 이사 가고 난 후 어디라도 못 자리가 많다
그 흔적을 지우려고 노력해도 여전히 선명하게 남은 구멍이 있다

내가 너를 잊은 지 먼 옛날이라도
가끔 한 번씩 생각이 나는 이유를 생각한다

## 생각의 차이

생각 없이 던진 말이 네게는 상처였구나
생각이 없어 그냥 지나친 것도 네게는 상처였구나
아무것도 모르는 것처럼 행동하는 것도 역시 네게는 상처였구나
세월이 가도록 까마득히 모르다가 오랫동안 네가 아팠다는 걸 알았다

내게 사소한 게
네게는 아니었다는 걸

# 아들에게

네 걱정으로 마음이 몹시 고단했지.
누구보다도 잘할 거라 믿지만 처음이라 문제였지.
네가 그곳에 발을 닿는 순간부터
네게 오는 모든 문제는
겸손히 받아들이고 배울 준비가 됐어야 했다.
겉만 보고 속을 보지 않으면 고통이지.
네가 쉽게 만들 수 없는 네 자리가 분명했다.
그래서 네게 간절히 말하기를
머릿속을 비워 발로 뛰라는 것이다.
가슴으로 일해야 비로소 생기는 자리가 있다.

# 울컥한 그림

내가 지금 슬프다는 것을 들키지 않으려고 돌아섰지.

거리를 두고 선 채로 슬픔을 누르며 애써 태연한 척 얘기하려고 했지.

거리를 좁혀올수록 어깨를 들썩이며 더 앞으로 갔지.

하늘은 모두에게 평등한 삶을 주지 않았지.

누구에게 노란색 주머니를 주지 않았지.

산다는 게 가난의 연속이고

아픔이 깊어 서러운 사람

행복의 잣대는 주머니가 아니다.

그것은 새빨간 거짓말이다.

돈이 없는 가난한 부모의 밥상은

꿈에서도 생각나는 울컥한 그림 같은 것이다.

## 인생은 한 번뿐이다

예전에 알지 못했던 사실을 안다는 건 어제보다 멀리 왔다는 것이다.

네가 지금 알지 못했던 사실을 안다는 것도 지금보다 배는 더 멀리 왔다는 것이다.

그때 알지 못하고 지금 아는 것들

# 지금

당신이 생각이 많거든 옆에 잠든 사람을 보십시오.
당신과 함께 같은 공간에 사는 사람이지만
지금 당신이 무슨 생각을 하는지 모르는 사람입니다.
당신이 말을 하지 않아 모르지요.
혼자서 삭히는 습관 때문입니다.
당신이 외로운 이유지요.
같이 있어도 혼자인 순간입니다.
사랑하면서도 감춘 게 많은 순간이지요.
어깨 잡고 흔들어 보세요,
일어나지 않거든 좀 더 세게 흔들어 보세요.
그리고 말하면 됩니다.
숨이 막히면 숨이 막힌다고요.
그게 당신 때문인 것 같다고
너무 일방적인 당신 때문 같다고
눈을 크게 뜨고 말을 해야 알 수 있습니다.
멀리서 보는 나무도 같아 보이지요.
가까이서 보면 다르다는 걸 알 수 있습니다.
언제나 웃는 당신들이 행복해 보여도

안을 들여다보면 전혀 다른 모습일 수 있지요.
인생이 너무 소중하다는 느낌이 언제인지 생각해 보세요.
하루 감사하다는 느낌이 언제 드는지 생각해 보세요.

바로 지금입니다

## 네게 준 상처가 돌아왔을 때

여기라고 생각했는데 여기가 아니었나 보다
밑으로 더 내려가야 끝이 어디인지 알 수 있을 것 같다
가슴이 아프고 고통이 뼛속까지 퍼진 상태
부끄러운 일은 아직도 나를 보고 있는 그 눈이다
모든 걸 이해할 수 있다는 그 시선이다
그렇다고 자유로울 수도 없다
흔적은 지운다고 지울 수 있는 게 아니다

잘못됐다고 깨닫는 순간부터
상처는 내 몫이다

# 그대에게 하고 싶은 말

사랑이라는 말이 어색한 나이가 되었네.
누군가 안부가 궁금한 나이가 되어버렸지.
혼자 있는 시간이 많을수록 사소한 게 소중히 다가오네.
어릴 때 봤던 할미꽃이 꽃인 줄 몰랐는데 꽃이고
나도 그대에게 꽃인 줄 몰랐는데 꽃이었네.
그때 몰랐던 걸 안다는 건 생각보다 멀리 왔다는 거지.
세월이 주는 의미가 너무 커버린 순간
그대 수고로움에 감사하고
사소한 대화도 감사하는 마음
우리가 살아갈수록 사라지는 것들을 생각하지.
채워지는 것보다 비워지는 게 많아지는 건 슬픈 일
그렇다고 누구라도 해가 뜨고 지는 걸 바꿀 수 없는 일이다.

사람들은 알면서도 간다.

## 사소한 행복

마음이 많이 아픈 사람이
내게 왔다 간 후로
나는 겸손해지기로 했지

인생이 힘겹다는 생각은 사치
내가 가진 게 의외로 많다는 걸 알았지

따뜻한 집과
일할 수 있는 공간
지금이라도 갈 수 있는 여행
행복의 조건을 모두 갖추고도 몰랐다

# 섬

섬으로 낚시를 간다고 했다
인생 낚시를 간다고 했다
고요한 섬이라고 했다
바다만 보이는 섬이라고 했다
사람들이 없다고 했다
새소리만 난다고 했다
요란한 파도 소리만 난다고 했다
고독만 있다고 했다
조용히 쉴 수 있다 했다
마음이 평화를 얻을 수 있다 했다

친구여!
나는 사람이 많아도 섬이다

# 인생은 잠깐이다

예전에 이해하지 못했던 사람을 이해했다
도저히 이해가 불가능하다고 생각했던 사람이다

그 여인처럼 말을 하고 있었다
그 여인처럼 행동하며 웃고 있었다

세월이 말해주고 있었다
시간이 말해주고 있었다

그때와 지금이 다른 이유에 대해서

## 그래도 그녀는 가난했다

앞이 보이지 않을 정도로
새벽 창가로 함박눈이 쏟아져 내렸다

골목 어디쯤 쓰레기를 버리고
돌아서던 차가운 등 뒤로 마른 기침 소리

눈사람이 손수레를 끌고
눈 속으로 사라지고 있었다

아무도 걷지 않은 길 위로
부지런히 찍히는 발자국

## 하늘

네가 혼자라고 말하는 순간
가슴이 철렁 내려앉았지

언제나 네 곁을 지키던 내가 네 옆에 없다는 게 아프게 박히는 순간이었지

내가 있어도 외로울 수 있는 너와
네가 있어도 외로울 수 있는 나를 본다

같은 하늘이라도
전혀 다른 하늘이 있었던 거지

# 좋을 때

창밖에는 비바람 불고 있는데
창틀이 들썩이고 빗방울 점점 굵어지는데
늙고 병들어 지친 그녀가 문득 생각나는 것처럼 말했지

"좋을 때다."

# 선물

사시사철 바쁘지 않은 날이 있던가
누구라도 먹고사는 일이 그래서 힘든 일이지
계절이 가는 길목 어디라도
저무는 하루 어디라도 생각해 보자
우리를 위해서 하는 일이
때로는 지나친 욕심은 아니었는지
날마다 선물처럼 오는 하루가
날마다 선물처럼 가는 하루가 아니라는 거

잊고 사는 것들이다

## 위로

쌓인 게 많은 게 아니라
하고 싶은 얘기가 많은 순간이 있지

마주하지 않아서
마주하고 싶었지

우리가 혼자가 아닌,
둘이라는 걸 확인하고 싶었지

당신이 내게 와서
한 번도 받지 못한 것들

# 인생에 대해서

버스 중간쯤 앉으면 볼 수 있는 게 제한적이다.
앞사람의 뒤통수를 보거나 창밖을 보거나 옆을 보는 것이 전부다.
아파트 공간 사이로 멀리 저물어 가는 석양
도시와 하늘과 내 마음이 천천히 잠겨가고 있다.
앞에 앉은 사람이나 뒤에 앉은 사람
누구라도 내 의식 어디에 저 빛처럼 잠겨간다.
신호가 바뀌어 버스가 설 때
버스 앞으로 지나가는 차들도 그랬다.
이 아련함이 모두 한곳으로 가지 않고
모두가 다른 길로 가는 중에 잠깐 만난 것이다.
지금 버스 안 사람들도 마찬가지였다.
모두 길이 다르고 집이 달라 내리는 곳도 달랐다.
그런 사람들과 같은 시간 같은 공간에서
꽃잎은 왜 때가 되면 저무는지 생각하지 않을 수 없다.
지금 벨을 누르는 저 여인의 낡고 허름한 신발
몇 년째 가방 하나로 사는 나
우리는 각자의 자리에서 인생을 말한다.

옷깃처럼 스쳐 가며
어젯밤 꿈속같이 스쳐 가며
한 페이지의 책장처럼
너는 그곳에 살고
나는 이곳에 살면서
천고마비의 서러운 달과 가난한 네가
그때처럼 지금도 버스를 타는 것처럼
저 한 잎의 생도 네가 모르는 얘기가 있는 것처럼
설령 우리가 남은 인생을 전부 짐작할 수 있더라도

## 행주

온전히 너를 받아들여야 네가 반들반들해졌지.
날마다 보는 식탁과 주방의 모든 소소한 그릇이 그랬다.
쓰임이 분명해 옷이 쉽게 더러워졌고
그럴 때마다 뜨거운 물에 삶아지는 고통
그게 주어진 길이고 살아야 할 운명
쓰임이 끝나 네가 뒤도 돌아보지 않고 가더라도
남은 게 아무것도 없는 빈손이더라도

어머니는 행주를 아끼셨다.
마치 관절이 한곳에 있지 않아서
비가 오면 시리고 아픈 이유가
모두 그 까닭으로 그곳에 있는 것처럼

# 제4부

## 봄날에 대해서

사무치도록 간절한 밤아
가슴이 미어지도록 먹먹한 날아
너희는 모두 가고 없는 부질없는 것들이구나
내가 사랑한 봄날이구나
나를 슬프게 했던 향기뿐이구나

가고 없는 인연아
다시 볼 수 없는 인연아
세상천지 어디를 봐도 너뿐이구나

내 마음 같은 꽃들아
생각이 짧아 서러운 추억아
차마 안녕이라 할 수 없는 것들아

# 가을에는

돌아보고 있는 사람은
돌아보지 않은 사람보다 낫다

어제 어떻게 살았는지
오늘 안다는 것은 중요한 일

거울을 보고 얼굴을 보면
거울은 보이지 않고 얼굴만 보인다

나무를 보지 않고
잎만 볼 순 없는 일

돌아보고 있는 사람은
돌아보지 않은 사람보다 낫다

# 사과의 기술

지금 하지 않으면 할 수 없는 일이다
지금 말하지 않으면 앞으로 하기 어려운 말이다

미뤄질수록 오해의 소지가 있는 법

모든 건 때라는 게 있다

## 배려

주머니에 돈이 있어서 몰랐다
사는 게 넉넉해서 미처 알지 못했다
마치 풍성한 나무만 보고
쓸쓸한 모습은 보지 못한 것처럼

행복할 때 보지 못한 게 있다
주머니가 가벼워지고 가진 게 없을 때 알았다
그동안 우리가 알고도 몰랐던 것처럼 했던 게 무엇인지 비로소 알았다

진작 깨달았어야 했다

## 착각

나는 옳다고 생각했는데
너에겐 옳지 않은 일이었던 것 같다

표현을 안 했기에
생각의 차이를 모르고 있었다

오랫동안 네 생각을 모르고
세상에 단 하나뿐인 절친이라 생각했다

## 민들레에게

민들레야, 그렇게 바쁘게 살지 마.

네가 발바닥 닳도록 일한다고 삶이 너를 알아주는 것도 아니야.

사랑하는 사람들이 너만 보는 것도 아니고

자식들이 수고했다 토닥여 주는 그런 미래는 꿈도 꾸지 마.

이건 싸구려 오지랖이 아니야.

너도 그래서 슬픈 거잖아.

네 부모 마음 몰라서 지금 아픈 거잖아.

사람이라 그래.

가장 가까운 사람을 아프게 하고 성장하는 게

우리라는 것을 너도 알잖아.

철이란 게 혼자 드는 경우는 없더라.

주위로부터 파장이 오는 거지.

그런 세상에 너는 살고 있는 거야.

세상사가 그런 거야.

절대 이기적이지 않아.

네가 너를 가꾸는 게

자식들에게 몹쓸 짓이 아니지.

네가 아프면 병원 안 간 네가 미안한 거야.
그러니 미련하게 일만 하지 마.
앞만 보고 가지 마.
그러니까 천천히 가자.
영화도 보고 단풍 구경도 가고
봄에는 꽃구경하며 사는 거야.
자식 사랑이 전부가 아니라는 거
네가 늙어갈수록 선명하게 보이잖아.
너를 위해 네가 무엇을 했는지
그땐 너무 늦어 서러운 거야.
자식이 네 마음 알아주는 것도 아니고
네가 네 부모 마음 몰랐던 것처럼
그래서 미안하고 보고 싶은 사람이 엄마인 것처럼

## 믿음

가장 행복한 일은 네 무릎에서 세상을 보고 담는 일이다.

그보다 더 행복한 순간은 내가 좋아하는 일을 네가 끝까지 믿어주는 일이다.

# 신입사원

내가 있는데도 없는 것처럼 그들은 얘기했다.
분명 함께인데도 없는 것처럼 얘기하는 그들 속으로 가고 싶었다.
갈 수 없어 더 가고 싶었다.
끼지 못하는 곳이라 더 끼고 싶었다.
마음이 급해 늘 일을 망쳤던 경험을 생각했다.
생각나는 대로 말을 뱉어 민폐였던 적도 있었다.
세상사 매사 조심하다 놓쳐버린 것들
생각해보면 모두가 지난 길을 나도 지나갈 뿐이다.

# 사람이 봄이다

처음부터 알지 못했다
그때 알았더라면 달라졌을 운명이다

얼마나 많은 날들을
오류를 통해 깨닫는가!

그때가 바로 봄이고
그대가 바로 봄이다

오늘이 바로 봄이고
지금 만난 사람이 봄이다

# 자화상

밥 한 그릇이 너무 감사하고 울컥할 때가 있다.

고픈 배를 잡고 삭막한 겨울 들녘을 지나오지 않았어도 울컥할 때가 있다.

누군가 따뜻한 손을 내밀며 함께하자는 밥이 그랬다.

세상 혼자 살 수 없는데 혼자인 것처럼 살았다.

혼자서 별을 세고 있어도
누군가 다가와 벗이 된 사람이 없었다.

문득 돌아보니

## 시간에 대해서

몇 번을 찍어도 버스 카드에 잔액이 없자
버스 기사 얼굴이 조금씩 일그러지기 시작했다.
혹시나 해서 지갑을 뒤지기 시작했다.
지갑에 돈이 없다.
마음은 조급하고
이미 출발한 버스를
강제로 잡아 탄 상황이라
창피하고 난감했다.
버스에서 내리고
승객들 시선도 같이 내리고
불편한 마음도 함께 내렸다.
누군가 나를 보던 시선이
예전에 내가 누군가를 봤던 시선이었다.
남의 시간을 뺏는 건
누구에게나 그런 의미였다.

## 대못 2

분명 사람인데 사람이 아니라고 했지
돈과 욕심만 아는 사람이라고 소리치고 있었지

상상도 하지 못한 말
전혀 예측하지 못한 말

어떻게든 살아보려고
날마다 열심히 살고도 들은 말

그날 이후 가슴에 박혔지

# 어머니

사는 게 부끄럼이 없다고 말할 수 없지
세상 티끌 하나 없는 것처럼 살았다고 말할 수 없지
가슴 가득 차오르는 슬픔 하나는
내 오랜 거울이고 일기였지
마주하고 싶지 않은 자화상이었지
누구에게도 보이고 싶지 않은 얼굴이었지

## 돈이 전부가 아니라는 것을

가장 하기 싫은 말을 하고 난 뒤 생각했다
감정이 어떤 식으로 흘러갈지 상상하면 할수록 아찔하고 우울했다
한마디로 복잡한 게 싫어 그냥 있기로 했다
남이 듣기 싫은 소리를 내가 할 수 없었다
세상은 원하는 대로 흘러가지 않기에 그냥 있기로 했다

# 갈치

갈치가 은빛이다.
윤기 반짝반짝 나는 놈이다.
살도 있고 몸짓이 시원해서 바다가 그리움인 놈이다.
나는 바다에 가고 싶었다.
그 냄새에 흠뻑 빠지고 싶었다.
그리고 스며드는 그 속살을 안고 싶었다.
뜨거운 심장 소리를 듣고 싶었다.
조금 더 가까이 가서
둘이 하나인 순간
온전히 너인 것처럼
네가 나인 것처럼
하나로 엮어지고 싶었다.
지난번처럼 돌아가고 싶지 않았다.
허나 만원이 뭐라고
그깟 돈이 뭐라고
나는 결정적인 순간마다
다른 선택을 하고
다른 놈을 안고

그리고 뻔뻔하게 다시
너를 보고 서성이는 이유

## 그래도 가야만 하는

머릿속이 복잡하고 모든 게 뒤죽박죽
안개 낀 길처럼 앞이 전혀 보이지 않는다

손바닥이라면 뒤집어보고
부침개라도 뒤집어볼 텐데

사는 것이 밤처럼 어두울 때가 있다
새벽 오는 게 더디고 힘들어 서러울 때가 있다

그래도 가야만 하는
길이 있다

# 내가 놓친 인연

환하게 웃어주지 못한 채로 왔네
사소한 일에도 온갖 짜증 유발하며 왔네
입에서 나오는 대로 말은 거침이 없었네
생각이란 걸 하지 않고 살았네
그렇게 산 세월이 있었네
나밖에 모르던 시절이 있었네
세상이 내 중심으로 도는 것 같았네

당신이 무슨 생각을 하는지
이제야 보고 있네

# 양파

본질은 변화지 않았다
성질도 그대로고 처음과 끝이 분명했다
너는 한 겹 벗겨질 때마다
같은 빛깔 같아도
전혀 다른 빛깔이었다
허나 사람은
본질과 성질이
매번 볼 때마다
같은 사람 같아도
전혀 다른 사람이
어디선가 튀어나와
가슴이 아플 때가 많고
끝이 어디인지 좀처럼 알 수도 없다

# 틈

열린 문이 없다
모두 닫힌 문
분명 틈이 있었을 것이다
네가 들어온
딱 그만큼의 틈
그 틈을 생각한다
우리가 좀처럼
좁히지 못한 거리
대화의 단절
소통의 부재
그 모든 벽에도
어딘가 분명 있을 숨통

# 치매라는 섬

항아리 박박 긁도록 가난한 삶
죽으로 연명했던 세월도 인생 어디쯤 있었고
그 시절 모두 이겨내고 좋은 날
금반지 손수건으로 똘똘 말아
장롱 깊숙이 넣어두고 보기만 했지.
그 귀한 반지를 가져가 버렸네.
며느리가 와서 감쪽같이 가져가 버렸지.
괘씸하고 못된 며느리
죽여도 시원찮을 며느리
뻔뻔하고 낯짝이 두꺼워
엉덩이 깔고 버티고
고개 숙이고 잘났다 버티고
억울하다 대들고
천불나고 분통 터져 죽을 맛
아무리 악을 써도
벨도 없이 염장질이지.
누가 시어머니 속을 알겠는가!
도둑년 감싸며 우는 아들놈이 알겠는가!

지밖에 모르는 딸년이 알겠는가!

생각해보니 억울해 죽겠네.

평생 자식 보고 산 게 억울하고

도둑년 감싸는 아들놈 보니 억울하고

그런 아들놈이 어린아이처럼 우네.

콧물 눈물 반인 얼굴을 하고 엄마, 엄마 부르며 우네.

세상이 무너지는 심정

닭똥 같은 내 새끼 눈물

정신이 번쩍 나서 옷장을 열지.

한 번도 입지 않은 옷

옷장 속 반듯하게 걸려 있네.

평생 좋은 옷 아들에게 사주고

싸디싼 옷만 걸치고 살았던 사람

정신줄 나갈까 겁나서 울고

무슨 말을 했는지 몰라서 울고

# 혼자인 겨울밤

너와 부딪혀 여기저기 상처가 났다.
어느 한곳 성한 곳이 없었으나 그대로 두고 지나갈 수밖에 없다.
사람과 사람 사이에서 일어난 일이고
이 세상 살다 보면 피할 수 없는 일도 있었다.
허나 아픈 건 나뿐이 아니어서 더 아픈 겨울이다.
심장이 시린 것도 내가 받은 상처만큼 줬기 때문이고
누군가 하루하루 보내는 게 지옥인 날을 나처럼 지났기 때문이다.
살고자 하면 죽고 죽고자 하면 산다는 말을 생각했다.
더 뒤로 물러설 수 없고 앞으로 갈 수도 없었다.
선택의 여지가 없어 택한 게 부딪히는 일이다.
어떤 식으로든 해결하고 싶어 네게 보낸 서러운 몸짓
아직도 놀라 나를 보던 네 시선을 생각했다.
내게 너무 소중한 사람이라 늦지 않게 말해주고 싶었다.

나도 말을 하고 있다고

해설

# 시간이 만드는 '지금'의 두 얼굴

## —주일례 시의 특성

백인덕(시인)

### 1.

지상의 생명이란 '축복과 저주'를 동시에 받은 존재다. 무엇으로부터인가, 창조든 진화든 신(神)은 아니다. 고뇌의 형이상학으로 나아가기 이전에 모든 생명은 물질적 필요에 따라 활동하는 본능이라는 한계에 갇힌다. 몸이 먼저고 사유가 나중이며, 사유는 선험적(先驗的)이지만 몸은 즉물성(卽物性)으로 현전(現前)한다. 다가올 겨울을 나기 위해 열심히 도토리를 모아 저장하는 다람쥐를 보고 모든 존재가 미래를 걱정한다고 생각하기는 어렵지 않다. 그러나 자기 존재의 존재론적 의미를 묻기 위해 한나절 바위에 붙어 있는 거북손이나 쉬지 않고 원을 그리며 도는 개미는 우화(寓話) 밖에서는 기대하기 어렵다. 발생과 지속(성장과 쇠퇴), 필연적인 소멸이라는 서사에서 진정한 주인공은 '시간'이다. 특히 현대인은 과학적으로 일반화한 시간을 존재의 근거로 삼아 행동한다. 시간이 곧 축복과 저주의 주재자인 것이다.

주지의 사실이지만, 시간에 대해 기존 물리학에서는 시간을 마치 강물을 얼려놓은 상태에서 일정하게 등분하여 공간을 나누는 식으로 설명한다. 반면에 앙리 베르그송은 이에 대해 강물은 항상 흐르기 때문에 이를 얼리거나 나눌 수 없다고 비판한다. 시간은 지속의 개념으로 사유해야 인간 또는 우주가 창조되고 진화하는 것을 설명할 수 있다는 것이다. 그가 말하는 '지속'은 단순 유지가 아닌 순간마다 무언가 만들어져 가고 있다는 의미에서 활동성이다. 예를 들어 목동이 소를 풀어놓고 소의 수를 셀 때 소들은 수를 세는 순간에도 풀을 뜯고 있으므로 수를 세기 전과 이미 질적으로 다른 소가 된다. 따라서 균질(均質)의 정확한 수는 확정되지 않는다. 어떤 것을 사유할 때 항상 '지속'이라는 개념의 필요성을 강조하는 예라 할 수 있다.

주일례 시인의 이번 시집, 『당신만 모르고 다 아는 이야기』는 '지금'을 주요 테마거나 기준 시점으로 설정한 작품들이 다수를 차지한다. 시간이 빚어내는 변화를 함축하면서 동시에 지속, 즉 질적 차이를 만드는 활동성을 내포하고 있다는 의미에서 '지금'은 단순하게 시제 상의 '현재'를 지시하지 않는다.

따라서 미분화해서 불가지론에 빠지고 마는 수학적 '순간'을 의미하지도 않는다. 오히려 이번 시집에서 의미하는 '지금'은 시인의 존재가 갑자기 자기 눈앞에 떠오르는 '계기(motive)'에 더 가깝다.

몇 번을 찍어도 버스 카드에 잔액이 없자
버스 기사 얼굴이 조금씩 일그러지기 시작했다.
혹시나 해서 지갑을 뒤지기 시작했다.
지갑에 돈이 없다.
마음은 조급하고
이미 출발한 버스를
강제로 잡아 탄 상황이라
창피하고 난감했다.
버스에서 내리고
승객들 시선도 같이 내리고
불편한 마음도 함께 내렸다.
누군가 나를 보던 시선이
예전에 내가 누군가를 봤던 시선이었다.
남의 시간을 뺏는 건
누구에게나 그런 의미였다.

—「시간에 대해서」 전문

위의 인용 시는 이번 시집에서 '시간'이 표면에 드러난 유일한 작품이다. 일종의 낭패 체험을 담담하게 서술하고 있는데, "이미 출발한 버스를/강제로 잡아 탄 상황"이나 "불편한 마음"으로 내릴 수밖에 없었던 이유를 해명하려는 것이 아니라 "남의 시간을 뺏는" 것의 '의미'에 대한 역지사지(易地思之)의 '순간'을 보여준다.

일상에서 시간은 곧 '돈'처럼 일종의 교환가치로 환산된다. 굳이 그런 상황의 부자연스러움이나 그런 사유의 부작용에 대해 길게 언급하고 싶지는 않다. '시간이 돈이다'라는 명제는 신자유주의 시장경제의 지배 아래 일상을 영위할 수밖에 없는 모든 현대인의 태생적 비극이라는 것만 인식하면 될 것이다. 시인은 "누군가 나를 보던 시선이/예전에 내가 누군가를 봤던 시선이었다."라는 것을 깨닫는다. 바로 그 '순간'은 돈이나 기타, 다른 가치로 계량화할 수 없는 생명의 지속으로서의 시간의 역할이 드러나는 지점이다. 일종의 곤란이 시인에게 '존재로서의 자기 자신'을 확인시키는 셈이다.

예전에 보지 못한 세상을 본다
시뻘건 너로 인하여 아득했던 흔적이 예쁘고
이토록 가슴이 저미는 그리움
너는 저 별이고 억새이며 바람이다

사람이 지나가는 순간을 알 수 있다면 좋겠다
소중한 사람이 너임을 알고 표현하는 순간을 놓치지 않았으면 좋겠다
언제나 너를 보고 있는 것처럼
네 안 가득 나라는 사람이 살았으면 좋겠다

네가 가을이구나 느끼는 순간
우리 삶이 제대로 보였으면 좋겠고
가을이 우리를 지나가는 동안
삶이 우리를 안고 이렇게 썼으면 좋겠다

—「나뭇잎은 밟지 않아도 소리가 난다」 전문

시인은 계절이 바뀌는 순간에 직면해 있다. 일상을 살아갈 수밖에 없는 우리는 강제된 시간에 우리 자신을 맞춰야 한다. 하루 24시간, 일주일, 한 달 등. 사계(四季)는 특별한 의미를 지닌 것으로 인식될 수 있지만 사실 우리가 사는 행성의 위도에 따른 기후 현상이라는 근거 외에는 특별할 게 없다. 하지만 사람은 자연적인 만큼 문화적인 존재이기 때문에 사계를 경험하는 것은 늘 '환절기'라는 인습적인 정서적 격변기가 형성될 가능성을 열어준다.

인용 작품은 "예전에 보지 못한 세상을 본다"라는 고백적 명제로 열린다. 제목에 '나뭇잎'이 등장하기 때문에 계절이 가

을이라는 걸 쉽게 유추할 수 있다. 이런 유추에 의지해 "시뻘건 너로 인하여 아득했던 흔적이 예쁘고/이토록 가슴이 저미는 그리움"으로 이어지는 시행을 이해할 수 있다. 시인은 지금에 서서 계절의 변화라는 항구적이며 동시에 일시적인 현상의 이면을 바라보고자 한다. 계절에서 자기에게로 정서적 유발 요인을 끌어오는 감정이입은 사실은 자기 내면의 심적 바람(希)을 드러내려는 몸짓이다. 시인은 2연에서 "사람이 지나가는 순간을 알 수 있다면 좋겠다"라는 자기 기도(企圖)를 슬쩍 내비친다. 그렇지 않은가, 계절은 나의 관여(關與)와 별개로 압도적인 힘으로 시간의 제 길을 따라 흘러갈 뿐이고, 그 소용돌이 속에서 '지금'을 건져 스스로 서자면 '순간'에 집중할 수밖에 없다.

시인은 3연에서 "네가 가을이구나 느끼는 순간/우리 삶이 제대로 보였으면 좋겠"다는 바람을 표면에 드러내면서 2연의 "사람이 지나가는 순간"과 "소중한 사람이 너임을 알고 표현하는 순간"의 진정한 가치를 우회적으로 보여준다. 게다가 언급된 "표현하는 순간"은 생명으로서 '인간'에게 부여된 또 다른 차원의 '축복이자 저주'와 연결된다. 그 차원은 우리가 끊임없는 의사소통을 하는 존재라는 것과 이를 대부분 '언어'에 의지하고 있다는 사실이다.

## 2.

주일례 시인은 '지금'이라는 순간에 집중한다. 앞에서도 잠깐 언급했지만, 시인이 지독한 '현세주의자'라는 의미는 결코 아니다. 오히려 시인이 집중하는 '지금'은 다시 앙리 베르그송에 따르면 '엘랑비탈(élan vital)'에 가깝다. 생의 도약을 위해 활기를 가두고는 있지만, 아직 터지지 않은 '폭죽'에 비유할 수도 있다. 이번 시집은 시인이 생활이라는 외피 안에 가득 쟁여 둔 에너지들이 축적되는 방향과 방식을 보여주는 시편들로 가득하다. 그것은 유한한 생명으로서 '시간'에 대한 인식에서 비롯한 것이고, 다른 차원에서는 의사소통을 기획하는 언어적 존재로서의 곤란으로 드러난다.

그녀는 온다는 말도 간다는 말도 없이 가버렸네
그날, 그녀가 열고 사라진 문을 보지 못하고 와버렸네

그날일 줄 모르고
그 문일 줄 모르고
집에 와서야 깨달았네

그 문이고
그날이었다는 것을

—「문」 전문

이 작품은 지상의 생명 중에서 인간이 받은 또 하나의 '축복이자 저주'인 '언어'의 측면을 잘 보여준다. "온다는 말도 간다는 말도"는 단순한 고지(告知)에 지나지 않을지 모르지만, 소통을 전제한다는 측면에서 타자, 즉 말의 건너편에 있는 존재를 인정하고 긍정하는 행위가 된다. 언어 습득기에 집요하게 '나 간다'를 되풀이하는 놀이 상황을 떠올리면 쉽게 이해할 수 있을 것이다.

인용 작품은 '그녀', '그날', '그 문'처럼 '그'라는 미확정의 타자를 가정하며(경험상으로는 이미 특정된 누구이겠지만, 언어적으로는 무한히 열린 '그') 시인의 지금의 상태를 기록한다. "그날일 줄 모르고/그 문일 줄 모르고/집에 와서야 깨달았네"라는 시적 진술은 시인의 지금이 시간적 개념과 동시에 공간적 소유, 즉 자기가 시공간에서 무언가를 결정할 때 드러난다고 볼 수 있다. 시인은 "그 문이고/그날이었다는 것을" 비로소 '집'에 와서 깨닫는다. 즉 일련의 사태를 자기화하는 순간이 '지금'인 것이다.

시인은 '문'과는 다른 계열이지만 같은 의미를 함축하는 시어로 '못'을 보여준다. 제목만 살펴봐도 「못」, 「대못 1」, 「대못 2」 등 세 편이나 된다. 확장하면 「흔적」과 「틈」이 직접적 연관성을 보이고 함축한 의미로는 그 범위가 더 확장될 것이다. 그중에 한 편을 보자.

화가 나면 생각이 이성을 잃지
입에서 나온 말을 자제할 수 없지

사람 냄새 없다는 소리
돈 냄새만 난다는 소리

상상하지 못한 말이고
전혀 예측하지 못한 일이지

그날 이후 내 몸에 박혀
점점 옹이가 되어갔지

—「대못」 전문

여기서 '못'은 사물인 '못'이 아니라 박혀 빠지지 않는다는 특성의 비유로 원관념은 '말'이다. 진짜 '못'이었다면 언젠가는 빠져 '흔적'으로만 남겠지만, 그것이 '말'이기 때문에 받아들일 수밖에 없었던 존재와 함께 성장해 '못'이 아니라 '옹이'가 되어버렸다. 못은 끝끝내 이물질이기 때문에 '생의 도약'을 추동할 수 없다. 그러나 '옹이'는 밖에서 왔지만 '나'가 되어버렸기에 아무리 아프더라도 변혁의 기화점(起火点)으로 작용할 수 있다.

필자는 이 글의 제목에서 '시간이 만드는'이라 했지만, 더 풀어쓰자면 '시간이 만들고 언어로 표현된'이라고 해야 한다. 지상의 생명인 인간에게 존재로서 그의 가능성이자 한계는 '시간과 언어' 두 차원의 동시적 작동이기 때문이다.

> 예전에 알지 못했던 사실을 안다는 건 어제보다 멀리 왔다는 것이다.
>
> 네가 지금 알지 못했던 사실을 안다는 것도 지금보다 배는 더 멀리 왔다는 것이다.
>
> 그때 알지 못하고 지금 아는 것들
>
> —「인생은 한 번뿐이다」 전문

인용 작품을 통해 충분히 유추할 수 있는 것처럼 시인에게 '지금'은 과거의 기억들이 감정의 소용돌이에서 편린(片鱗)으로 무작위로 떠오르는 회한의 '순간'이 아니라 생의 질적 변화를 추동하는 힘을 축적하는 요소로 작용한다. "그때 알지 못하고 지금 아는 것들"에는 씁쓸한 후회의 감정이 묻어날 수밖에 없지만, 그 자체로 '지금' 이후를 기대하게 한다.

이런 기대는 시인의 개인적 서사에 갇히지 않고 시간이 만드는 간극(間隙)을 돌파하면서 어떤 보편성으로 전환되기도 한다. 가령, 「자화상」에서 보이는 "세상 혼자 살 수 없는데 혼자인 것처럼 살았다"라는 자기 고백은 「아들에게」에서 "네게 간절히 말하기를/머릿속을 비워 발로 뛰라는 것이다./가슴으로 일해야 비로소 생기는 자리가 있다."라는 충고로 전환된다. 나아가 「뒷모습에도 풍경이 있었다」의 "평소 그는 성깔이 고약하고 욕을 많이 하는 사람이다./가까이 오는 사람이나 자식까지 매몰차게 내치는 사람이다./그 사람이 가고 난 후 옷장 정리를 했다./ 한 번도 입어보지 못한 옷이다./상표가 그대로 붙은 옷이다./아들이 아버지 요양원에 모시며 사준 옷이다./그 주머니 안에 아버지 쓰라고 챙겨 넣은 새 돈이 있었다."라는 사실의 발견을 통해 알게 된 어떤 노인의 진심에 대한 경탄이 되기도 한다. 실제 '지금' 알게 된 것만이 지금의 '나'를 구성하고 의미 있게 한다는 판단의 우회적 표현인 셈이다.

당신이 생각이 많거든 옆에 잠든 사람을 보십시오.
당신과 함께 같은 공간에 사는 사람이지만
지금 당신이 무슨 생각을 하는지 모르는 사람입니다.
당신이 말을 하지 않아 모르지요.
혼자서 삭히는 습관 때문입니다.
당신이 외로운 이유지요.
같이 있어도 혼자인 순간입니다

—「지금」 부분

한 권의 시집에서 시인이 직설적으로 자기 시세계의 핵심을 형상화한 작품을 만나는 것이 '축복인지 저주인지' 판단하기는 매우 어렵다. 어쨌든 시인은 인용한 「지금」이라는 작품을 통해 지금 생을 응축하는 '기억과 기대'라는 두 방향을 동시에 보여준다. 그러나 그 보여주는 방식은 과거, 즉 기억의 환기를 통해 사실을 확인하고 그 사실의 인정을 통해 미래를 담보하려는 의도로 진행된다.

인용한 작품은 "하루 감사하다는 느낌이 언제 드는지 생각해 보세요"라는 강한 질책과 "바로 지금입니다"라는 명쾌한 정의, 즉 작품의 후반부에 등장하는 시인의 '엘랑비탈'을 극화하기 위해 인용한 부분처럼 과거의 사태들을 면밀하게 짚는다. 시인은 여러 차례 '그때와 다른 지금'을 표현의 중심에 놓는다. 물론 '그때'가 회한처럼 격렬한 감정으로 틈입하는 양태는 아니다. 「배려」에서 "주머니에 돈이 있어서 몰랐다/사는 게 넉넉해서 미처 알지 못했다/마치 풍성한 나무만 보고/쓸쓸한 모습은 보지 못한 것처럼"이라 후회의 감정을 드러낸다. 이런 앎, 혹은 순간의 깨달음이 비로소 '지금'을 형성한다.

머릿속이 복잡하고 모든 게 뒤죽박죽

안개 낀 길처럼 앞이 전혀 보이지 않는다

손바닥이라면 뒤집어보고
부침개라도 뒤집어볼 텐데

사는 것이 밤처럼 어두울 때가 있다
새벽 오는 게 더디고 힘들어 서러울 때가 있다

그래도 가야만 하는
길이 있다

—「그래도 가야만 하는」 전문

주일례 시인은 "그래도 가야만 하는/길이 있다"라고 선언한다. 이 선언은 고백처럼 진술, 표현된 과거, 즉 기억을 생의 다른 방향으로 전화해 폭발하는 에너지로 만들겠다는 자기 선언과 같다. 이는 "사는 것이 밤처럼 어두울 때", "새벽 오는 게 더디고 힘들어 서러울 때" 그래도 자기 '길'을 생각하는 시인의 의지로 시간과 언어의 저주를 축복으로 바꾼다.

## 3.

주일례 시인은 이번 시집에서 '지금' 자기 존재로 서 있는 우뚝한 초상을 보여준다. 물론 그 이미지는 불안정하고 쓸쓸해 보이기까지 한다. 하지만 시인은 '지금'에 집중하려 한다. 기억이 휘몰아오는 아픔을 지금의 에너지로 전환하고, 내일의 기대를 다시 지금의 동력으로 바꿔, 시인은 이 순간, 지금을 자기 존재의 중심으로 바꾼다.

마음이 많이 아픈 사람이
내게 왔다 간 후로
나는 겸손해지기로 했지

인생이 힘겹다는 생각은 사치
내가 가진 게 의외로 많다는 걸 알았지

따뜻한 집과
일할 수 있는 공간
지금이라도 갈 수 있는 여행
행복의 조건을 모두 갖추고도 몰랐다

—「사소한 행복」 전문

시인은 비록 '사소한'이라 제한했지만, 시인이 보여준 '행복'은 존재와 세계에 대한 물음을 시간과 언어로 환치해 보여주고 있기에 결코, 사소해지지 않을 것이다. 「사소한 행복」의 명제처럼 "인생이 힘겹다는 생각은 사치"일지 모른다. 그러나 감정 이전에 사태가 가득한 세상이기에 '지금'은 이번 시집에서 드러난 것처럼 자기 정위(定位)로 다듬어져야 한다.

문학의전당 시인선 353

# 당신만 모르고 다 아는 이야기

ⓒ 주일례

초판 1쇄 인쇄 2022년 10월 20일
초판 1쇄 발행 2022년 10월 27일
지은이 주일례
펴낸이 고영
디자인 헤이존
펴낸곳 문학의전당
출판등록 제448–251002012000043호
주소 충북 단양군 적성면 도곡파랑로 178
전화 043–421–1977
전자우편 sbpoem@naver.com

ISBN 979–11–5896–565–5 03810